Le sourire de l'âme

Haïkus du Soleil

Lydia MONTIGNY

HAÏKUS DU SOLEIL

Mentions légales

© 2021 Lydia MONTIGNY

Édition : BoD – Books on Demand,
12/14 rond-point des Champs-Élysées, 75008 Paris
Impression : BoD - Books on Demand,
Norderstedt, Allemagne

ISBN : 978-2-3223-8192-0
Dépôt légal : Août 2021

Livres précédents (BoD)

* Dans le Vent (VII 2017)
* Ecrits en Amont (VIII 2017)
* Jeux de Mots (VIII 2017)
* Etoile de la Passion (VIII 2017)
* As de Cœur (XI 2017)
* Pensées Eparses et Parsemées (XI 2017)
* Le Sablier d'Or (XI 2017)
* Rêveries ou Vérités (I 2018)
* Couleurs de l'Infini (II 2018)
* Exquis Salmigondis (V 2018)
* Lettres Simples de l'être simple (VI 2018)
* A l'encre d'Or sur la Nuit (X 2018)
* A la Mer, à la Vie (XI 2018)
* Le Cœur en filigrane (XII 2018)
* Le Silence des Mots (III 2019)
* La Musique Mot à Mot (IV 2019)
* Les 5 éléments (V 2019)
* Univers et Poésies (VIII 2019)
* Les Petits Mots (X 2019)
* Au Jardin des Couleurs (XI 2019)
* 2020 (XII 2019)
* Nous... Les Autres (X 2020)
* Ombre de soie (III 2020)
* Les Jeux de l'Art (IV 2020)
* Harmonie (VI 2020)
* La source de l'Amour (VIII 2020)
* Au pays des clowns (X 2020)
* 365 (XI 2020)
* L'Amour écrit... (XII 2020)
* Haïkus du Colibri (II 2021)
* Le Bonzaï d'Haïkus (IV 2021)
* Blue Haïku (V 2021)
* Avoir ou ne pas Avoir (VII 2021)

Marcher dans le vent

Deux pieds dans le sable tiède

Rire de l'océan

Jour de farniente

Suivre la fonte des glaces

Avec une paille

Flotter sur un lac

Au milieu de mille soleils

Bulle de carpe koï

Remplir le vide

Vacarme du silence

Les mots dans les yeux

Effeuiller les rêves

Beaucoup passionnément

Toujours faire un vœu

Ecouter la mer

Son balancement léger

Chant d'un coquillage

Pluie sur la forêt

Moiteur parfumée d'humus

Petit scarabée

Apprendre à lire

Un chemin semé de mots

Croiser le destin

Journée d'écriture

Plume chatouillant des mots

Gommer la cage

La mer sur le ciel

Etoile et poisson lune

Le ciel dans la mer

Souffler dans l'espace

Tendres camaïeux d'azur

Chants d'hirondelles

Deux billes d'or fixent

La confiance d'une souris

Le chat roux ronronne

Minuscule Terre

Distance de l'Eternité

Une pensée vers toi

Paresse du temps

Insomnie de patience

Aimer doucement

Couleurs immobiles

Branches de fleurs subtiles

Le caméléon

Nuit de pleine Lune

Croisement des planètes

Signature du Ciel

Regarder la vie

Inventer des ponctuations

Croire en cet Amour

Calme éphémère

Espace entre deux vagues

Nager dans le vent

Ici ou ailleurs

Paysage où l'on n'est pas

Chercher ton ombre

Spectacle léger

Vent sur le miroir du lac

Dessin d'un visage

Chercher son destin

Sourire de ses erreurs

Ecouter son cœur

Notes de musique

Emerveillement de l'instant

Un pas en avant

Apprendre à attendre

Regarder s'éveiller la Vie

Comprendre les sens

Un carré de ciel

Un trait d'horizon azur

Plonger dans tes yeux

Ecrire un livre

De tendresse et de rire

Signer d'un désir

Journée de pause

S'accorder dans le silence

De notre harmonie

Répondre au défi

Croire dans ce lendemain

Puisque tu es là

Oser espérer

Il existe un soleil

Après l'horizon

Dormir sur une plage

Horizon vertical

Chant des coquillages

Onde pimentée

Etrange danse hypnotique

Méduse mauve

Instant solaire

Submerger de tendresse

Le cœur tout en bleu

Vent marin debout

Rochers écumant le sel

Toucher l'horizon

Jour d'oisiveté

Surprendre un crabe endormi

Les deux pieds dans l'eau

Jour du sourire

Dans les mots de l'Amour-

Rayon de Bonheur

Créer des silences

Invisible confiance

Inventer un mot

Journée estivale

Courir sur les galets chauds

Tomber dans la vague

Instant Vérité

Ouvrir les bras pour voler

Nuage de lait

Orage d'été

Maracas du tonnerre –

Escargot pressé

Encre poétique-

Laisser écrire le temps

Le lire doucement

Journée de mollesse

L'escargot trace sans bruit

La ligne de vie

Ecole de lettres

Paradis de tous les mots

Le dictionnaire

Méditer l'été

Parfaire l'immobilité

Glaçon sur le nez

Univers dans la toile

Cliquer sur tous les désirs

Araignée rêveuse

Tiédeur automnale

Ballade du scarabée

Pétale mordoré

Matin printanier

Perles dorées sur la mousse

Bond de sauterelle

Nuit orageuse

Les rivières boivent la pluie

Tea time sur le golfe

Journée immobile

Canzonette des cigales

Le soleil plonge

Brise d'un été

Affolant la folle avoine-

Moustique assoupi

Un amas de lettres

Rêve sur un oreiller

Réveil en sursaut

Dans un champ doré

Un épouvantail sommeille

La souris danse

Air chaud du silence

Soleil dans une lagune

Le bateau dérive

Un ciel de feuilles-

Les racines chuchotent

Des secrets de forêt

Habits de lumière

Dans le cirque de la vie

Nez rouge de clown

Asseoir le matin

Dans les perles de rosée

Eveil du lotus

Lumière liquide

Murmurant sous la mousse

Bulle de champagne

Courir dans l'aurore

Avec un morceau de bois

Joyeux aboiements

Petites billes rouges

Escalader une tige

Coccinelle vole

Ranger l'univers

De lettres et de chiffres

Le répertoire

Grand rectangle bleu

Mélange de lumière et d'eau

La brasse coulée

Voile piqué de strass

Sur un velours bleu sombre

Une nuit blanche

Chaleur dans l'orage

Averse diluvienne

Parapluie distrait

Paradis d'azur

Traverser d'un trait le ciel

Cri d'hirondelle

Dans l'aurore orange

L'orage fond sur le lac

La lumière expire

Soleil au zénith

Ombrage d'une sieste

Le chapeau attend

Vaguelettes fraîches

Calme iodé du matin

Danse de l'oursin

Créer des mots drôles

Ecrire des textes hilarants

Lire, rire et rire

S'asseoir dans le noir

Contempler les étoiles

Silence on tourne

Bruissement d'été

Dans les parfums des restanques-

Sieste de lézard

Glisser sur un lac

Libellule sur une barque

Les rames plongent

Journée rêverie

Dans un écrin de calme

Le saut d'une biche

Art universel

Mêler formes et couleurs

Musique des sens

Accrocher au temps

Le soleil des sentiments

Aimer simplement

Journée à flâner

Butiner la fleur de l'âme

Aimer s'égarer

Chanson matinale

Partition de la nature

Le cinéma muet

Cabane perchée

Insolite chakra vert

Coucou étonné

Ecouter le vent

Fermer les yeux d'extase

Les lèvres salées

Chercher son chemin

Traverser la voie lactée

La rose des vents

Marcher dans le vert

Jusqu'au bout du ciel bleu-

La mer est basse

Journée cristalline

Sur la chaleur de la plage

Respirer l'air bleu

Une goutte d'air

Sur la plume d'un cygne

Ballet aérien